TECNOLOGÍA:
MAPAS PARA EL FUTURO™

TECNOLOGÍA:
MAPAS PARA EL FUTURO™

Trenes de alta velocidad

por dentro y por fuera

por
David Biello

Ilustraciones
Alessandro Bartolozzi

Traducción al español
Tomás González

The Rosen Publishing Group's
Editorial Buenas Letras™
New York

Para mi primo Erik

Published in 2002 in North America
by The Rosen Publishing Group, Inc., New York

First Edition
First Edition in Spanish 2002

Book Design:
Andrea Dué s.r.l. Florence, Italy

Illustrations:
Alessandro Bartolozzi and Roberto Simoni

Editors and Photo Researchers:
Jason Moring and Joanne Randolph

Library of Congress Cataloging-in-Publication Data

Biello, David.
Trenes de alta velocidad : por dentro y por fuera / por David Biello. ;
traducción al español Tomás González. — 1st ed.
p. cm. — (Tecnología : mapas para el futuro)
Includes bibliographical references and index.
ISBN 0-8239-6155-9 (library binding)
1. High speed trains—Juvenile literature. 2. Railroads—Trains.
[1. High speed trains. 2. Spanish language materials 3. Railroads—Trains.]
I. Title. II. Series.
TF1450.B54 2002
385'.2—dc21
2001000871
Manufactured in Italy by Eurolitho S.p.A., Milan

Contenido

Tú y los trenes de alta velocidad

Imagínate viajando sobre un cojín de aire, en un tren de levitación magnética, a 300 millas por hora (483 km/h). Pues bien, es posible que pronto puedas hacerlo en ciertos países. Desde hace varios años en Europa y Japón trenes eléctricos super-modernos, que se desplazan sobre ruedas de acero, han venido haciendo viajes de rutina a casi 200 mph (321.8 km/h). Y por si eso no fuera suficientemente asombroso, dichos países han empezado a explorar la posibilidad de construir los llamados trenes "maglev", que viajarán aún más rápido y sin tocar los rieles. ¿Cómo ha sido esto posible?

El ser humano ha viajado desde tiempos remotos. Primero viajó a pie, sobre animales o en canoa, y luego empezó a transportarse en carros tirados por animales. Al pasar los siglos, los barcos de vela le permitieron atravesar los océanos. El comercio o la guerra con grupos de otras partes, así como la necesidad de mudarse a otras regiones, dieron impulso a nuevas tecnologías de transporte. Hace casi doscientos años la gente empezó a movilizarse en tren, lo que permitió el acercamiento de personas que vivían a grandes distancias unas de otras. Con el tiempo, sin embargo, el tren perdió popularidad a favor de los autos y los aviones.

Durante los últimos treinta y cinco años el desarrollo de trenes de alta velocidad, liderado por Japón, ha creado un renacimiento de trenes de pasajeros como una alternativa a la congestión de carreteras y aeropuertos. Algunos países europeos y Japón han utilizado con éxito los trenes de alta velocidad, o "trenes bala", para transportar grandes cantidades de pasajeros. Y aunque Estados Unidos quedó rezagado debido a que los norteamericanos prefieren el auto a cualquier otra forma de transporte, incluso aquí se están implementando varios proyectos de tren bala, como el tren Acela, que recorre Noreste del país.

Si te atrae el transporte por tren, estás viviendo en una de sus épocas más interesantes. Aunque este medio de transporte no ha sufrido muchos cambios a lo largo de su historia, recientemente los científicos e ingenieros han presentado ideas novedosas para construir trenes más rápidos, menos contaminantes y más seguros. En este libro descubrirás que cuando las carreteras se congestionaron, la gente construyó mejores trenes. Cuando se presentaron problemas con la vieja tecnología ferroviaria, se creó una tecnología nueva. La aparición del tren bala es apenas uno de los muchos ejemplos de la manera en que utilizamos la tecnología para hacer posible que el mundo tenga un mejor futuro.

John F. Shields
Director ejecutivo de SPEEDTRAIN
Californianos a Favor del Tren de Alta Velocidad

Derecha: Con el aumento de la población, las carreteras se han congestionado cada vez más. Muchos empiezan a buscar una forma más conveniente de transporte. En muchos países dicha alternativa es el tren bala.

Derecha: Éste es el Shinkansen, o tren bala japonés. El de la fotografía es un Nozomi modelo 500, uno de los más rápidos del mundo.

祝 700系の

Breve historia de los trenes

Las primeras ferrovías se construyeron para facilitar el transporte de los metales y el carbón que se extraían de las minas. Sin embargo, debido a la falta de tecnología y al enorme peso de dichos productos, transportar este tipo de carga era un proceso lento y difícil. En un esfuerzo por resolver el problema, el británico Richard Trevithick construyó en 1803 la primera locomotora de vapor. Se llamó *New Castle* (Castillo Nuevo), era lenta y pesada y sólo se utilizó para transportar carga también muy pesada.

Para 1829, George Stephenson había creado una máquina más liviana, que llamó *The Rocket* (El Cohete), que serviría de prototipo para todas las locomotoras a vapor. Estas locomotoras, y las nuevas ferrovías se empezaron a utilizar cada vez más en todo el mundo como un medio barato y eficaz para transportar personas y productos. Al llegar el siglo XX, las locomotoras de vapor movían ya largos trenes de carga a velocidades de hasta 75 mph (121 km/h). Estas máquinas eran fáciles de manejar y duraderas, pero producían mucha contaminación y con el tiempo dañaban los rieles, debido al movimiento martilleante del pistón que hacía dar vueltas al cigüeñal.

Para 1835 los ingenieros habían experimentado con electricidad, en lugar de vapor, para mover las locomotoras; pero fue sólo en 1879 cuando la compañía alemana Siemens & Halske presentó la primera locomotora eléctrica funcional. Como las locomotoras eléctricas eran muy sencillas, exigían menos mantenimiento y eran más duraderas que las de vapor. Sin embargo, necesitaban mucha electricidad para funcionar. El sistema de cables y los generadores que se necesitaban para impulsarlas eran muy complejos, y su uso no resultaba práctico para distancias largas.

Se necesitaba una locomotora más funcional. El ingeniero Rudolf Diesel patentó por primera vez la máquina diesel en 1892. A finales de los años 30, los trenes diesel-eléctricos de carga y de pasajeros, que siguen usándose hoy en día, habían reemplazado a los de vapor en muchas partes del mundo.

Con el tiempo, sin embargo, empezaron a utilizarse aviones para los viajes de largas distancias y automóviles para los de distancias más cortas. Los pasajeros exigían a las

Derecha: Monumento en memoria de George Stephenson.

Abajo: El Rocket (Cohete) se convirtió en prototipo de las futuras máquinas de vapor. El vapor, al escapar con gran fuerza, impulsaba el pistón que estaba unido a las ruedas, haciendo que dieran vueltas y movieran el tren.

Izquierda: Cuando en 1825 el inglés George Stephenson, cuyo retrato vemos aquí, logró que el primer tren a vapor de pasajeros se moviera sobre los rieles a 16 mph (25 km/h) difícilmente se hubiera podido imaginar que sólo 139 años después existirían trenes bala que alcanzarían velocidades promedio de 130 mph (209 km/h). Los trenes que en la actualidad están en la etapa de experimentación vuelan, literalmente, a velocidades de más de 300 mph (483 km/h) sin siquiera tocar los rieles.

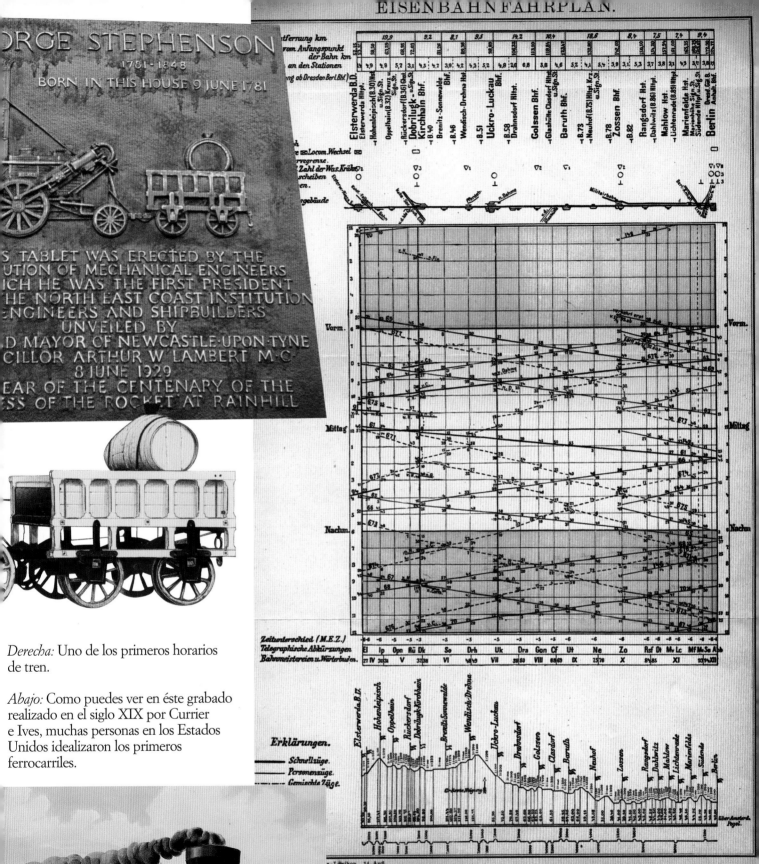

Derecha: Uno de los primeros horarios de tren.

Abajo: Como puedes ver en éste grabado realizado en el siglo XIX por Currier e Ives, muchas personas en los Estados Unidos idealizaron los primeros ferrocarriles.

compañías de trenes más velocidad y comodidad, y aquellas que no podían ofrecerlas, como fue el caso de muchas en los Estados Unidos, quebraron. Daba la impresión de que los viajes por tren, como el transporte a caballo, se convertiría pronto en cosa del pasado.

Trenes de alta velocidad

Se necesitó la ingeniería japonesa para que los ferrocarriles no perdieran por completo el transporte de pasajeros. En 1964 los japoneses presentaron el primer tren de alta velocidad, que sería conocido como "tren bala", por la forma de su punta que lo hacía semejar a una bala al avanzar velozmente. Este diseño redondeado y liso le permitía moverse más rápida y silenciosamente que trenes menos aerodinámicos.

El nombre japonés del tren bala, Shinkansen, que quiere decir "nueva red principal", se debe a que fue necesario construir una red totalmente nueva de vías para permitir que los trenes se movieran a tanta velocidad. Cuando los trenes toman las curvas a altas velocidades, la gravedad empuja a los pasajeros contra las sillas. Para evitar este incómodo efecto, se tendieron rieles largos de acero, soldados entre sí, en líneas tan rectas como fuera posible.

El éxito del tren bala entre los viajeros japoneses fue inmediato. Hoy en día estos trenes recorren Japón entero y conectan entre sí todas las ciudades del país. Más de 300 trenes viajan diariamente, transportando más de 300 millones de pasajeros cada año.

En los años 70, inspirados por el éxito japonés, los franceses iniciaron la construcción de su propia ferrovía de alta velocidad. Tras una década de pruebas, el Train à Grande Vitesse (TGV), o literalmente "tren de gran velocidad", hizo su primer viaje de pasajeros en 1981 a una velocidad máxima de 168 mph (270 km/h).

Muy pronto los trenes ultrarrápidos se extendieron por todo el mundo, proporcionando una alternativa al contaminante transporte por auto o avión. Alemania, por ejemplo, tiene el InterCity Express (ICE), creado en los años 80 y que alcanza velocidades de hasta 174 mph (280 km/h). Países como España, Suiza y los Estados Unidos cuentan también con trenes de alta velocidad. Y aunque no todos los países tienen, como Japón, Alemania y Francia, vías

Los trenes movidos por diesel están todavía en servicio, pero las líneas de alta velocidad son más rápidas, menos contaminantes y más cómodas para los pasajeros.

Motor de tren diesel

férreas dedicadas exclusivamente a los trenes ultrarrápidos, muchos han adaptado la tecnología de alta velocidad para su uso en ferrovías estándar.

Demos ahora una ojeada a la tecnología que permite el funcionamiento de estos trenes de alta velocidad, así como a las distintas clases de trenes ultrarrápidos que hay en el mundo.

Patio de trenes del TGV francés

Tecnología de alta velocidad

Todos los trenes que viajan a alta velocidad se basan en tecnologías ultramodernas. Para que este tipo de trenes se pudiera utilizar sin riesgos fue necesario diseñar y construir equipo especial, desde los motores que los impulsan hasta los frenos que los detienen.

El primer paso fue producir una máquina más poderosa. Inicialmente el Shinkansen se movía con combustible diesel, pero, a fin de proteger el medio ambiente y disminuir el uso de petróleo, casi todos los trenes ultrarrápidos modernos utilizan energía eléctrica.

A fin de obtener la cantidad de electricidad necesaria para impulsar los trenes a grandes velocidades, los ingenieros instalaron motores eléctricos en cada eje. El eje, o barra alrededor de la cual giran las ruedas, está unido firmemente a dos ruedas, formando así el juego de ruedas. Dos juegos de ruedas se montan en un bogí, que es un marco rígido que las conecta y rodea. En un tren Shinkansen japonés, dos bogíes motorizados impulsan hacia adelante cada vagón individual, mientras que en el TGV francés los vagones están conectados y son impulsados por bogíes motorizados compartidos.

Los motores eléctricos de los bogíes reciben el suministro eléctrico de las máquinas que se encuentran en cada extremo de la mayoría de los trenes ultrarrápidos. En lugar de una máquina diesel que activa a un generador, un pantógrafo se conecta a un cable aéreo, llamado catenaria, que transporta la corriente eléctrica. La electricidad de la catenaria es de alto voltaje, de modo que pueda recorrer las distancias entre estaciones generadoras sin que se pierda mucha energía en el trayecto. Un transformador situado en la locomotora disminuye el voltaje que viene de la catenaria hasta igualarlo al que necesitan los motores eléctricos de los bogíes. El transformador completa, además, el circuito con el suministro de energía, enviando la electricidad restante de regreso a los rieles a través de la escobilla del eje. El voltaje apropiado se envía entonces desde el transformador hasta los motores individuales de los bogíes. Esta electricidad acciona el motor, que hace girar el eje, el cual a su vez da vueltas a las ruedas y hace que el tren se desplace por los rieles. Con este sistema se han alcanzado velocidades de más de 300 mph (483 km/h).

Para que los trenes eléctricos alcancen velocidades realmente altas sin descarrilarse ni causar incomodidad a los pasajeros, han de tenderse nuevos rieles de manera tan recta como sea posible. Para ello se utilizan rieles largos de acero soldados entre sí. El suelo mismo a menudo debe ser aplanado, y la tierra desplazada a un costado, a fin de mantener los rieles rectos; cuando esto no es posible, se hace necesario construir puentes, túneles o viaductos.

Derecha, arriba: Diagrama de un bogí moderno, que suministra electricidad a las ruedas y mueve el tren. El bogí, o "camión" como se lo llama comúnmente en los Estados Unidos, viene en muchas formas y tamaños, pero el modelo más moderno es el bogí con motor, para locomotora diesel o eléctrica. Los bogíes con motor llevan los motores, los frenos y los sistemas de suspensión, todo dentro de un pequeño mecanismo. Están sujetos a tensiones enormes, especialmente en los trenes ultrarrápidos.

Derecha, abajo: Tren bala atravesando un puente construido especialmente para el servicio de alta velocidad.

BOGÍ

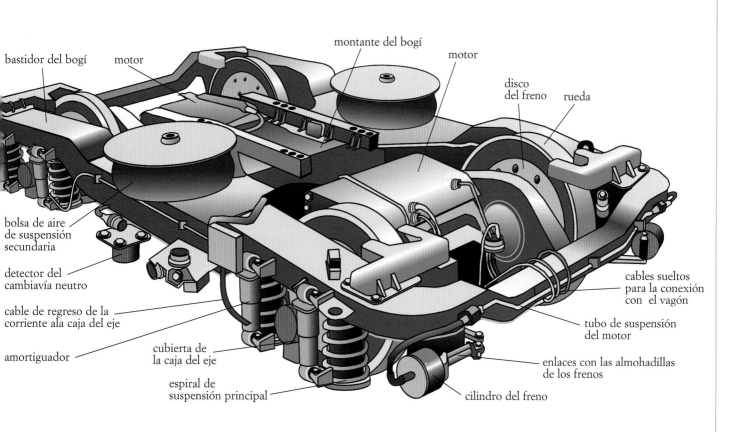

bastidor del bogí

motor

montante del bogí

motor

disco del freno

rueda

bolsa de aire de suspensión secundaria

detector del cambiavía neutro

cable de regreso de la corriente ala caja del eje

amortiguador

cubierta de la caja del eje

espiral de suspensión principal

cilindro del freno

enlaces con las almohadillas de los frenos

tubo de suspensión del motor

cables sueltos para la conexión con el vagón

La tecnología de los rieles y los frenos

Los largos rieles se tienden sobre durmientes, o traviesas, de concreto y acero. A los rieles largos que descansan sobre traviesas de concreto se los llama vías férreas de losa, y permiten que el tren viaje a grandes velocidades sin que los pasajeros sientan movimiento alguno.

Un infortunado efecto de las traviesas de cemento es que reflejan todo el ruido de los trenes que pasan. El concreto es más duro y denso que la madera, y el sonido de los trenes rebota en él, produciendo un estruendo semejante al de las autopistas. El ruido puede ser muy alto, especialmente si se vive cerca de las carrileras Shinkansen del Japón, donde los trenes pasan cada seis minutos.

Mientras los franceses utilizan bogíes compartidos a fin de unir los trenes ultrarrápidos, en el resto del mundo se emplean acopladores para enganchar los vagones de los trenes. Dichos acopladores tienen forma de bisagra y se enlazan automáticamente entre sí cuando se empuja un vagón contra otro.

Fue además necesario instalar frenos especiales en los trenes de alta velocidad, de modo que pudieran detenerse sin dañar las ruedas ni los rieles. Los frenos de los trenes corrientes, en los que se presiona una almohadilla contra las ruedas, harían que los trenes de alta velocidad empezaran a patinar antes de detenerse. La mayoría de los trenes modernos de alta velocidad están equipados con frenos dinámicos. Al

Derecha: Un tren bala pasa a toda velocidad en un arrozal en Japón.

riel

barra de acero

bloque de concreto

sección de vía prefabricada

cemento vaciado

almohadilla aislante

riel

placa de base

drenaje

durmiente prefabricado

estructura del túnel o viaducto

colchón de tierra

FERROVÍA DE BLOQUES GEMELOS

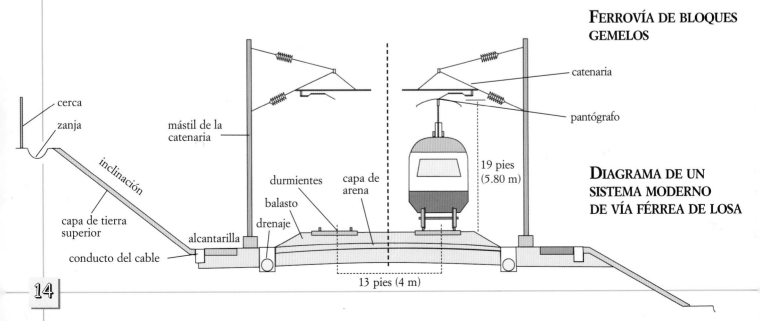

cerca

zanja

mástil de la catenaria

inclinación

durmientes

capa de arena

catenaria

pantógrafo

19 pies (5.80 m)

capa de tierra superior

balasto

drenaje

DIAGRAMA DE UN SISTEMA MODERNO DE VÍA FÉRREA DE LOSA

alcantarilla

conducto del cable

13 pies (4 m)

aplicarse los frenos, los motores de tracción unidos a las ruedas dejan de moverse y el impulso del tren hacia adelante comienza a moverlos en sentido contrario. Como le resulta difícil hacerlos girar, los mismos motores disminuyen la velocidad del tren. Una vez que el tren disminuye de velocidad, se utilizan frenos neumáticos para detenerlo por completo. La energía producida por los motores de tracción durante el frenado puede convertirse en calor y ser irradiado por redes de distribución mediante ventiladores de enfriamiento. A esto se le llama frenado reostático.

También es posible enviar la energía de regreso al circuito y utilizarla cuando el tren vuelva a ponerse en movimiento. A esto se le llama frenado regenerativo. Los trenes de alta velocidad más modernos tienen la capacidad de usar el frenado reostático o el regenerativo, según la cantidad de electricidad que haya en ese momento en la catenaria.

Como los trenes viajan a velocidades tan altas, al conductor le es imposible ver y responder al antiguo sistema de señalización lateral de la vía que le indicaba cuándo disminuir o aumentar de velocidad. La mayoría de los trenes ultrarrápidos reciben, en cambio, señales eléctricas que una estación de control central les envía a través de las vías mismas. Esta computadora central transmite las señales por los rieles; las computadoras del tren las recogen y las traducen en instrucciones para los conductores.

Izquierda, centro: Diagrama de una ferrovía de bloques gemelos en la que se usa el moderno sistema de losa, que se ilustra debajo.

Izquierda, abajo: Sistema moderno de vía férrea de losa. Las vías férreas de losa se usan para la mayoría de los trenes de alta velocidad debido a que aumentan la seguridad y disminuyen el mantenimiento. Las vías corrientes de balasto se dañan debido a la vibración del tren. Las vías férreas de losa eliminan este problema y proporcionan un viaje más suave.

Creación del tren Shinkansen

En 1959 un panel del gobierno japonés, convencido por el testimonio experto de Shinji Sogo, entonces presidente de los Ferrocarriles Nacionales de Japón, decidió construir un sistema completamente nuevo de vía destinado a trenes de alta velocidad. Las nuevas líneas Shinkansen se tenderían al lado de la antigua red ferroviaria de vía estrecha y en gran medida la reemplazarían. El primero de octubre de 1964 se terminó de construir la vía Tokaido para tren Shinkansen, entre Tokio y Osaka.

Los japoneses decidieron construir la nueva línea de alta velocidad entre estas dos ciudades a fin de disminuir la congestión que existía en las autopistas. La megalópolis de Tokaido se extiende desde Tokio hasta Osaka e incluye las ciudades de Yokohama, Kawasaki, Kioto y Nagoya. En ella viven más de 50 millones de personas, esto es, 40% de la población total del Japón. Aunque el primer ferrocarril japonés había sido construido en esta misma región en 1872, todavía en 1960 la duración más corta del viaje entre Tokio y Osaka era de 6 horas y 30 minutos.

Los japoneses diseñaron la vía Shinkansen de Tokaido para acortar dicho viaje. Primero se tendió una nueva carrilera sin curvas pronunciadas, con rieles largos de acero que permitiría a los trenes alcanzar velocidades de 150 mph (241 km/h). A fin de que los carriles quedaran tan rectos como fuera posible, la vía Shinkansen de Tokaido requirió la construcción de más de 40 millas (64 km) de túneles, 11 millas (18 km) de puentes y 28 millas (45 km) de viaductos. Para reducir la vibración de los trenes, los rieles se tendieron sobre traviesas de cemento.

Derecha: De todos los modelos Shinkansen japoneses, los Nozomi 500 son los más veloces y modernos. Se distinguen por su larga nariz, que les da un perfil aerodinámico. La cabina del conductor tiene ventana de cúpula que le da una excelente visión delantera. El innovador diseño en forma de ala del pantógrafo le ayuda a disminuir la resistencia del viento. El minucioso aislamiento acústico hace que en el interior se sienta poco la velocidad, y se reduce al mínimo el ruido del viento.

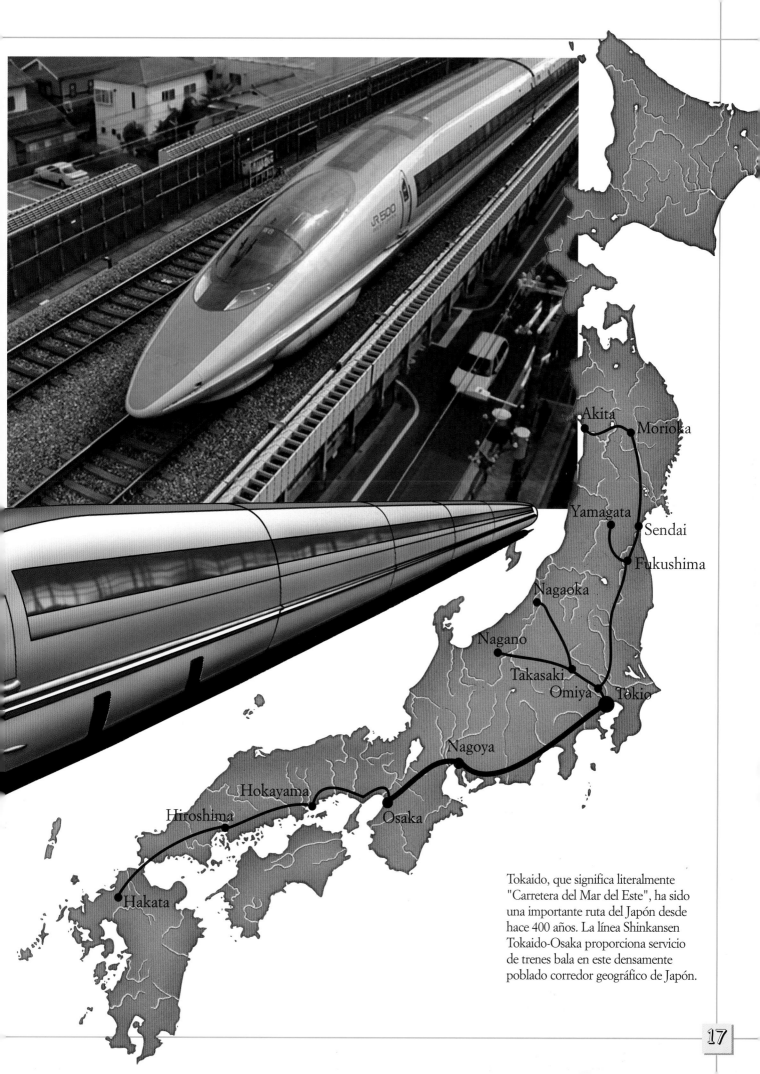

Tokaido, que significa literalmente "Carretera del Mar del Este", ha sido una importante ruta del Japón desde hace 400 años. La línea Shinkansen Tokaido-Osaka proporciona servicio de trenes bala en este densamente poblado corredor geográfico de Japón.

Tecnología del tren Shinkansen

Mientras se construía la vía, los ingenieros ensaya-
ban trenes prototipo en vías de prueba. El 30 de
marzo de 1963 uno de los trenes prototipo alcanzó las
160 mph (257 km/h), estableciendo así una marca mundial de velocidad para trenes. El tren bala estaba listo para
entrar en servicio.

Los primeros trenes Shinkansen tenían doce vagones. A diferencia de los trenes corrientes, que son tirados por una locomotora en un extremo, los Shinkansen tenían cuatro ejes en cada
vagón, cada uno equipado con un motor eléctrico. El tren en su
totalidad producía 6,624 caballos de fuerza. Originalmente una
máquina diesel movía el generador que suministraba electricidad a
los motores. Muy pronto, sin embargo, se tendieron catenarias a lo
largo de las vías. Pantógrafos instalados en vagones alternos tocaban la
catenaria para recibir el suministro eléctrico de los motores. Las locomotoras situadas en los extremos del tren sólo llevaban ahora los transformadores que adaptaban la electricidad de la catenaria al voltaje necesario para
hacer funcionar los motores de cada eje. El tren sin pasajeros pesaba 672
toneladas.

Desde el inicio los trenes Shinkansen incluyeron un sistema de control automático que presentaba al conductor las señales de control del frenado. Dichas señales
viajan por los rieles mismos y provienen del Centro General de Control, en Tokio.
Los controladores deciden cuándo, dónde y a qué velocidad ha de viajar cada tren en
un momento dado. Cada tren está equipado, además, con un sistema radiotelefónico
de respaldo.

Todos los trenes Shinkansen tienen aire acondicionado y ventanas selladas, de modo que no
puedan abrirse. Como los trenes se desplazan tan rápido se instaló un sistema especial de ventilación que garantiza que la presión en el interior del tren se mantenga uniforme durante el
viaje. Esto es particularmente importante al pasar el tren por túneles, cuando el cambio de presión del aire puede hacer que los pasajeros sientan incomodidad en los oídos.

Los primeros trenes Shinkansen se hicieron populares de inmediato debido a que disminuían el
tiempo de viaje entre Osaka y Tokio de seis a tres horas. Inicialmente sólo dos trenes, uno expreso y
otro local -que hacía las 16 paradas- viajaban cada hora, pero la fuerte demanda hizo que la frecuencia
de los viajes aumentara cada año. Inicialmente sólo se construyeron y usaron 360 vagones Shinkansen,
pero rápidamente se encargaron más, al aumentar su popularidad.

La única desventaja de estos trenes era el ruido que producían. Debido a sus grandes velocidades y a las traviesas especiales de cemento que reflectan el sonido, los Shinkansen eran muy ruidosos. Para reducir el problema se construyeron muros antirruido a lo largo de las vías y se han diseñado catenarias más pesadas y pantógrafos aerodinámicos. Aun así el Shinkansen sigue siendo muy ruidoso. Se siguen llevando a cabo investigaciones para encontrar maneras de disminuir el problema.

Animados por el éxito del Shinkansen de Tokaido, los funcionarios ferroviarios japoneses planearon otras líneas. En 1975 el Shinkansen de Sanyo conectó a Osaka y Hakata con el occidente. La velocidad máxima para esta vía se planificó en 160 mph (257 km/h), de modo que fue necesario reducir todavía más las curvas. Al inaugurarse la línea, los pasajeros podían recorrer las casi 700 millas (1.127 km) que hay entre Tokio y Hakata en menos de siete horas.

En 1982 entró en servicio el Shinkansen de Tohuku, que viaja de las afueras de Tokio a Morioka, en el extremo norte del Japón. Esta línea tiene 116 túneles, y el 55 por ciento de ella está construida sobre viaductos, pues atraviesa una región muy montañosa y quebrada. La línea pasa, además, por regiones muy nevadas, por lo que los trenes que la recorren han sido diseñados para el frío y la nieve. Dispositivos de aire caliente, aspersores automáticos de limpieza de nieve y chorros de agua caliente se instalaron a lo largo de la vía para mantenerla libre de nieve y hielo. Además se construyeron cobertizos sobre las vías expuestas para protegerlas de las avalanchas.

Izquierda: Modelo en cartón del tren japonés Shinkansen modelo Nozomi 500.

El Shinkansen abre el camino

En 1985 se inauguró el Shinkansen de Joetsu, que viaja de las afueras de Tokio a Niigata, en el noroeste del país. Como esta línea recorre una región muy montañosa fue necesario construir 106 túneles, entre ellos el de Daishimizu, que, con una extensión de casi 14 millas (23 km), es el túnel ferroviario de montaña más largo del mundo. Esta ruta de Shinkansen se extendió hasta Nagano para los Juegos Olímpicos de Invierno de 1998.

Desde que se inició el servicio de alta velocidad en 1964, muchos tipos diferentes de trenes se han utilizado en distintas líneas. Los trenes blancos y azules originales, llamados trenes de la serie cero, permanecieron en servicio hasta 1989 en la línea Shinkansen de Sanyo. La cada vez más aerodinámica serie 100, construida con metales livianos entró en servicio en 1985.

Serie 0 Tokaido 1964

100 Tokaido 1980

200 Joetsu 1982

La serie 200 blanca y verde, diseñada para las nevadas líneas de Tohuku y Joetsu empezó a funcionar en 1982 y fue reemplazada por los más bruñidos trenes E1 Max, grises y verdes, en 1994. Hoy, brillantes trenes E4 Max, blancos, amarillos y azules, cubren la ruta de Tohuku a más de 170 mph (274 km/h). Los trenes Shinkansen más veloces recorren las concurridas líneas de Tokaido y Sanyo, en las que vagones de dos pisos comenzaron a funcionar en 1985 para acomodar al mayor número posible de pasajeros. A la serie 100 de esta línea siguieron la 300 y la 400, hasta que, en 1992, aparecíó la serie 500, llamada Nozomi, que en japonés significa "esperanza", y que tiene una velocidad máxima de casi 190 mph (306 km/h). En 1999 entraron en servicio también los más aerodinámicos y silenciosos trenes de la serie Nozomi 700. Para reducir el ruido al máximo, la punta de los trenes de las series Nozomi 500 y 700, de 49 pies (15 metros), es más larga que las de los trenes Shinkansen anteriores y tiene tres veces la longitud de la punta de la serie cero original. Esto les permite cortar el aire con mayor suavidad a altas velocidades. Además, el pantógrafo tiene forma de ala, para reducir el ruido que produce. Los dos tipos de tren, hechos de aluminio liviano en lugar de acero, se encuentran entre los trenes de alta velocidad más rápidos del mundo.

Japón ya no es el único país con servicio de trenes de alta velocidad. Muchas naciones han seguido su ejemplo y construido ferrovías para trenes bala. Estos trenes han aumentado la capacidad de los pasajeros de todo el mundo para transportarse, rápida y cómodamente a buen precio. Los trenes de alta velocidad constituyen un medio de transporte extraordinariamente seguro. Cuando, en 1994, las líneas Shinkansen japonesas celebraron 30 años de funcionamiento, también se dieron el gusto de celebrar el haber transportado a 2,800 millones de personas sin que se produjera ninguna lesión grave. Lo mismo puede decirse de los casi 20 años de funcionamiento del tren TGV.

Abajo: Varios de los diseños de trenes Shinkansen japoneses que se han creado desde 1964. Se presentan en orden cronológico de izquierda a derecha.

700 Nozomi and Hikari 1999

500 Tokaido 1998

E3B Hakata 1997

400C Yamagata 1996

El *Train à Grande Vitesse*

Inspirados por los japoneses, en 1960 la Sociedad Nacional Ferroviaria Francesa (SNCF, según sus siglas en francés) comenzó a desarrollar una red para trenes de alta velocidad. El nombre Train à Grande Vitesse, o Tren de Alta Velocidad (TGV, según sus siglas en francés), no se refiere solamente a los trenes creados por la SNCF sino también a la tecnología de las vías y señales que les permiten viajar por el país.

Si bien los ingenieros de la SNCF utilizaron una forma aerodinámica y durmientes de cemento semejantes a los de los japoneses, también aportaron varias innovaciones. Desde el principio buscaron crear un tren ultrarrápido que pudiera viajar tanto en las vías antiguas como en las nuevas de alta velocidad. Esta decisión de usar el mismo ancho de las vías corrientes para las de alta velocidad permite a los trenes ultrarrápidos viajar por las vías nuevas y utilizar las antiguas para entrar y salir de las ciudades grandes a menor velocidad.

El primer prototipo, el TGV 001, comenzó a ensayarse a comienzos de los años 70. Impulsado por una turbina de gas, estableció un récord mundial de velocidad en 1972 al alcanzar las 198 mph (319 km/h). Al igual que los del Shinkansen, todos sus ejes eran movidos por motores eléctricos, pero en este caso el suministro de energía para los motores lo proporcionaban turbinas de gas situadas en la locomotora, en lugar de una catenaria o una máquina diesel. Para las vías se usaron los mismos rieles largos, soldados entre sí y tendidos sobre traviesas de concreto y acero. Pronto se hizo evidente, sin embargo, que suministrar energía eléctrica al TGV mediante gas resultaría demasiado costoso; de modo que, al igual que se hizo con el Shinkansen, se crearon locomotoras eléctricas. A principios de 1981 un TGV eléctrico alcanzó una velocidad máxima de 236 mph (380 km/h). Este tren recibía la energía de una catenaria aérea. Un transformador situado en la máquina adaptaba la electricidad de la catenaria al voltaje necesario para alimentar los motores eléctricos de cada bogí.

La mayor diferencia entre los trenes bala TGV y los Shinkansen consiste en que los vagones del TGV no están realmente unidos unos a otros sino que descansan en bogíes compartidos de dos ejes. Esto hace al tren más liviano, permitiéndole mayores velocidades, y además hace que el sonido que escuchan los pasajeros sea menor que el de los trenes corrientes.

Arriba: trenes TGV esperan en una estación en París, Francia.

Abajo: El tren TGV Atlantique entró en servicio en 1989.

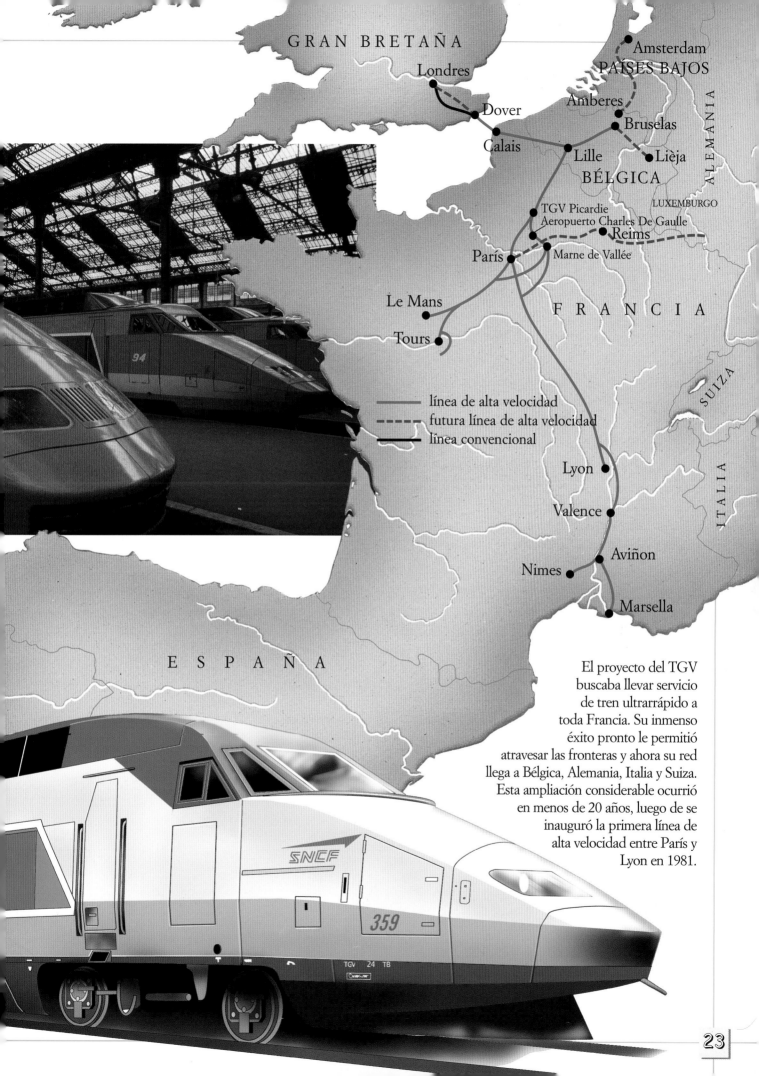

GRAN BRETAÑA

Amsterdam
PAÍSES BAJOS

Londres

Dover

Amberes

Bruselas

Calais

Lille

Lièja

BÉLGICA

ALEMANIA

LUXEMBURGO

TGV Picardie
Aeropuerto Charles De Gaulle

Reims

París

Marne de Vallée

FRANCIA

Le Mans

Tours

línea de alta velocidad
futura línea de alta velocidad
línea convencional

SUIZA

Lyon

Valence

ITALIA

Aviñon

Nimes

Marsella

ESPAÑA

El proyecto del TGV buscaba llevar servicio de tren ultrarrápido a toda Francia. Su inmenso éxito pronto le permitió atravesar las fronteras y ahora su red llega a Bélgica, Alemania, Italia y Suiza. Esta ampliación considerable ocurrió en menos de 20 años, luego de se inauguró la primera línea de alta velocidad entre París y Lyon en 1981.

SNCF

359

TGV 24 TB

El TGV se extiende

Las primeras vías francesas de alta velocidad se construyeron entre París y Lyon, a una distancia de 241 millas (388 km). A lo largo de la vía se extendieron las catenarias que transportan los 25 mil voltios de electricidad necesarios para mover el tren. Al igual que en el sistema del Shinkansen, un centro de control, esta vez situado en París, transmitía todas las señales al conductor a través de las vías mismas. Al entrar a una sección de vía, el conductor podía ver en pantalla la velocidad que debía mantener, así como otras instrucciones especiales. Se instaló además un sistema especial de seguridad para garantizar que el conductor ejecute todas las señales. Si no se siguen las señales o si se presenta algún peligro, el sistema aplica los frenos de manera automática.

El 27 de septiembre de 1981, el primer TGV de pasajeros, el TGV Sud-Est (TGV-SE) viajó de París a Lyon, en el sur de Francia. Al igual que el Shinkansen de Tokaido, su éxito fue inmediato. Hoy viajan diariamente 60 trenes en cada dirección, transportando un promedio de 53 mil pasajeros al día. El TGV-SE original sólo tenía capacidad para 386 pasajeros, mientras que los nuevos vagones de dos pisos que entraron en servicio en 1997 le permiten hoy transportar 545 personas a velocidades de hasta 186 mph (299 km/h).

Tras el éxito del TGV-SE, se construyó una nueva línea entre París y ciudades de la costa atlántica francesa: la ruta TGV Atlantique (TGV-A). Como la región que recorría era más plana, podían alcanzarse velocidades aún mayores, y se construyeron trenes especiales, azul y color plata. Un nuevo sistema de suspensión neumática absorbía las vibraciones producidas al viajar a velocidades de más de 190 mph (306 km/h). Los trenes se sellaban mediante un sistema especial de ventilación semejante al del Shinkansen japonés, para que no se produjeran cambios de presión en el momento de pasar por los túneles. Cada tren estaba compuesto por dos locomotoras en los extremos y diez vagones de pasajeros con capacidad para 485 personas.

Abajo: Éste es un acoplador, dispositivo que une dos vagones y les permite recibir electricidad, información sobre el funcionamiento de los frenos, así como otra información mecánica.

Izquierda: El tablero de control del TGV suministra información al conductor sobre la velocidad del tren, la vibración de la transmisión y otros datos similares que garantizan un viaje tranquilo y seguro.

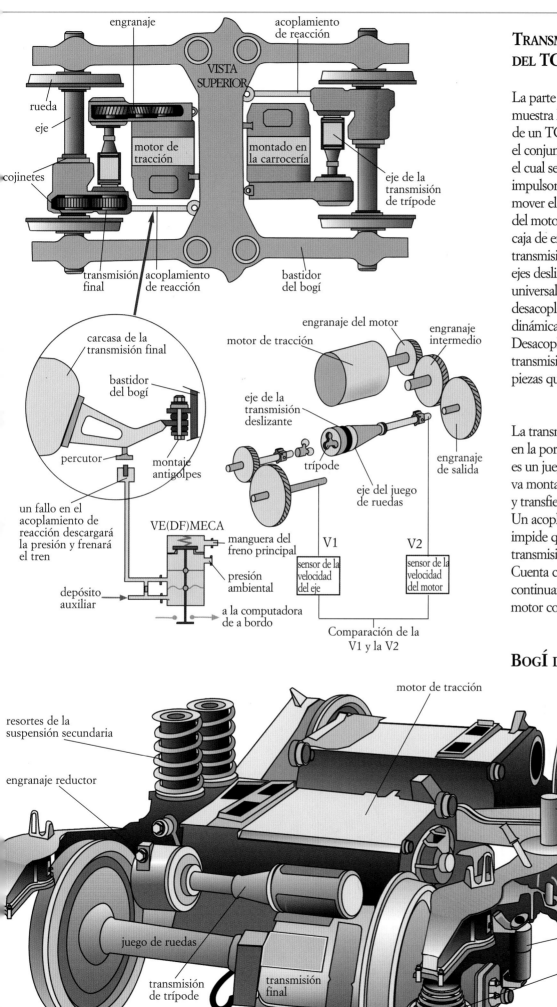

engranaje

acoplamiento
de reacción

VISTA
SUPERIOR

rueda

eje

motor de
tracción

montado en
la carrocería

cojinetes

eje de la
transmisión
de trípode

transmisión
final

acoplamiento
de reacción

bastidor
del bogí

TRANSMISIÓN DE TRÍPODE DEL TGV

La parte superior de este diagrama muestra la transmisión de trípode de un TGV. La transmisión es el conjunto de piezas mediante el cual se transmite la fuerza al eje impulsor que se encargará de mover el tren. Aquí el eje propulsor del motor está conectado a la caja de engranajes del eje en la transmisión de trípode mediante ejes deslizantes de acoplamiento universal, lo que permite un desacoplamiento total de la dinámica del motor y de las ruedas. Desacoplamiento significa que la transmisión de fuerza entre dos piezas queda interrumpido.

La transmisión final, que aparece en la porción central del diagrama, es un juego de engranajes que va montado sobre el eje mismo y transfiere fuerza a las ruedas. Un acoplamiento de reacción impide que el conjunto de esta transmisión final gire con el eje. Cuenta con sensores que comparan continuamente la velocidad del motor con la del eje.

carcasa de la
transmisión final

bastidor
del bogí

percutor

montaje
antigolpes

un fallo en el
acoplamiento de
reacción descargará
la presión y frenará
el tren

depósito
auxiliar

VE(DF)MECA

manguera del
freno principal

presión
ambiental

a la computadora
de a bordo

engranaje del motor

motor de tracción

engranaje
intermedio

eje de la
transmisión
deslizante

trípode

eje del juego
de ruedas

engranaje
de salida

V1

sensor de la
velocidad
del eje

V2

sensor de la
velocidad
del motor

Comparación de la
V1 y la V2

BOGÍ DEL TGV

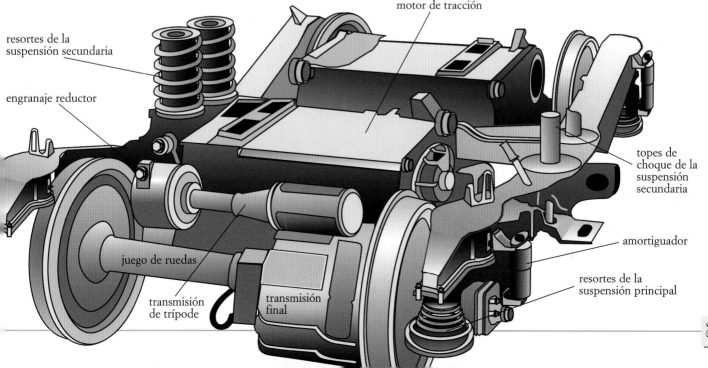

resortes de la
suspensión secundaria

motor de tracción

engranaje reductor

topes de
choque de la
suspensión
secundaria

amortiguador

juego de ruedas

transmisión
de trípode

transmisión
final

resortes de la
suspensión principal

La tecnología TGV

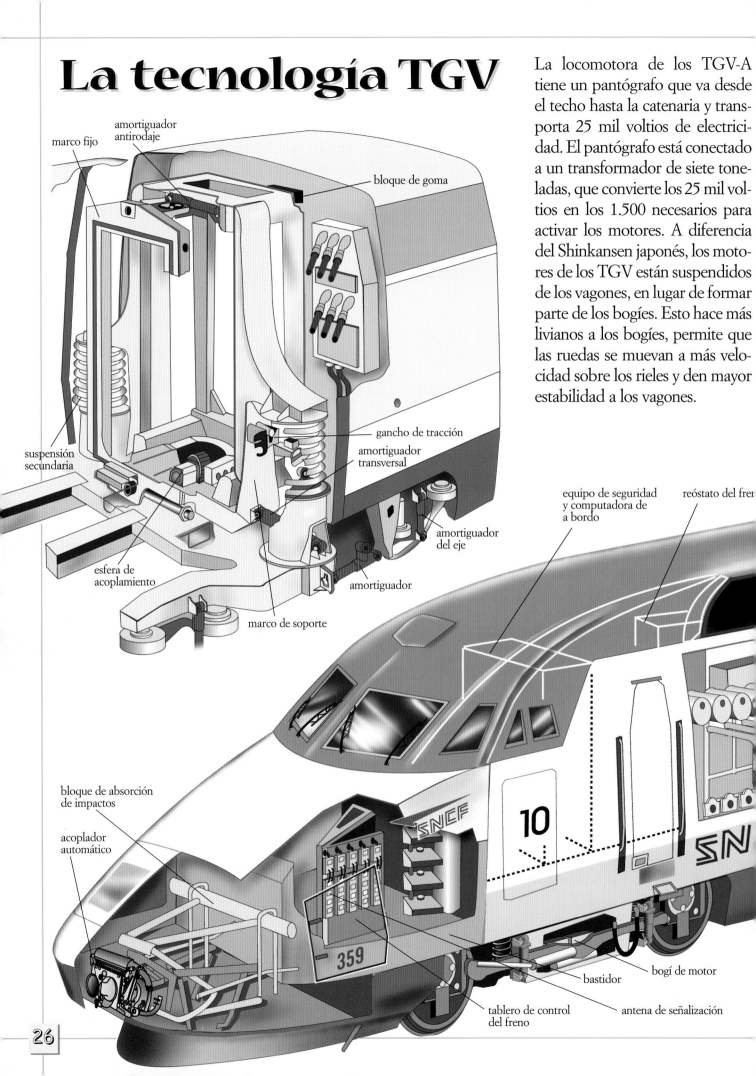

La locomotora de los TGV-A tiene un pantógrafo que va desde el techo hasta la catenaria y transporta 25 mil voltios de electricidad. El pantógrafo está conectado a un transformador de siete toneladas, que convierte los 25 mil voltios en los 1.500 necesarios para activar los motores. A diferencia del Shinkansen japonés, los motores de los TGV están suspendidos de los vagones, en lugar de formar parte de los bogíes. Esto hace más livianos a los bogíes, permite que las ruedas se muevan a más velocidad sobre los rieles y den mayor estabilidad a los vagones.

marco fijo

amortiguador antirodaje

bloque de goma

suspensión secundaria

gancho de tracción

amortiguador transversal

esfera de acoplamiento

marco de soporte

amortiguador del eje

amortiguador

equipo de seguridad y computadora de a bordo

reóstato del fren

bloque de absorción de impactos

acoplador automático

bogí de motor

bastidor

tablero de control del freno

antena de señalización

Como todos los trenes modernos de alta velocidad, los TGV están equipados con frenos dinámicos y sensores que determinan si la energía que produce el frenado va a ser enviada otra vez a la catenaria o irradiada como calor.

El 18 de mayo de 1990 un tren TGV-A estableció una marca mundial de velocidad al alcanzar 321 mph (517 km/h), que es aproximadamente la mitad de la velocidad de un avión. Si bien alcanzar tan altas velocidades es no sólo asombroso sino también útil, por la información que se obtiene al hacerlo, todavía no resulta práctico para el servicio corriente. No obstante, continúa el trabajo de creación de la tecnología para el TGV Nueva Generación (TGV-NG) que permitirá a los trenes de pasajeros moverse a velocidades de entre 218 y 249 mph (351 km/h y 401 km/h).

Las líneas TGV se han extendido a Bélgica e Inglaterra, por el túnel conocido como "Chunnel", que pasa debajo del Canal de la Mancha.

Página opuesta: Vista de corte de un tren TGV articulado.

Abajo: Dibujo detallado que muestra los componentes interiores de un tren TGV.

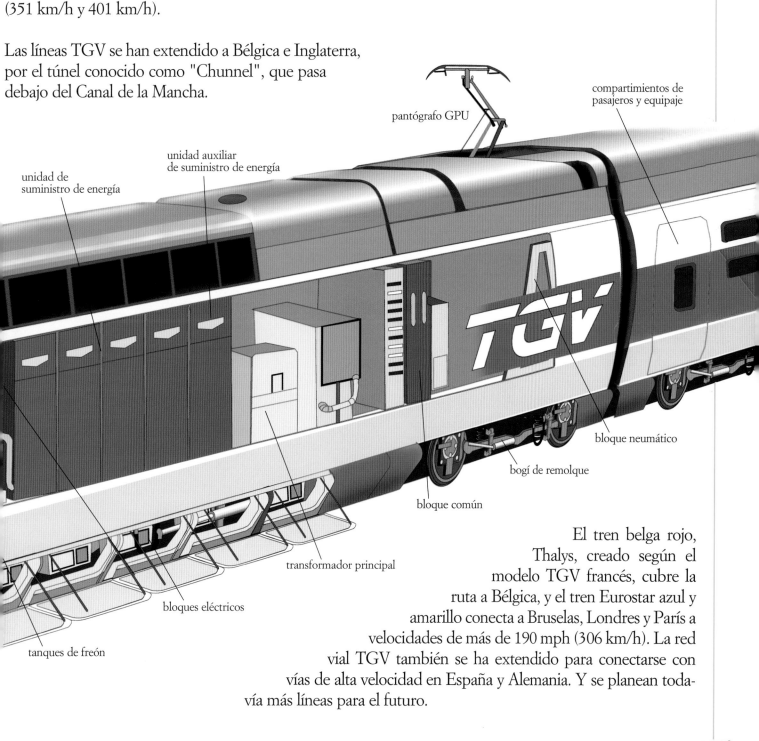

pantógrafo GPU

compartimientos de pasajeros y equipaje

unidad auxiliar de suministro de energía

unidad de suministro de energía

bloque neumático

bogí de remolque

bloque común

transformador principal

bloques eléctricos

tanques de freón

El tren belga rojo, Thalys, creado según el modelo TGV francés, cubre la ruta a Bélgica, y el tren Eurostar azul y amarillo conecta a Bruselas, Londres y París a velocidades de más de 190 mph (306 km/h). La red vial TGV también se ha extendido para conectarse con vías de alta velocidad en España y Alemania. Y se planean todavía más líneas para el futuro.

El tren InterCity Express

En 1968, mientras los franceses planeaban su TGV, funcionarios de los Ferrocarriles de Alemania Occidental y algunas compañías privadas iniciaron un esfuerzo conjunto para investigar la viabilidad de los trenes de alta velocidad en ese país. Impresionados por la eficacia y seguridad del Shinkansen japonés, a los alemanes les atraía también la posibilidad de reducir la contaminación causada por los automóviles.

Hacia 1970 se habían tomado ya varias decisiones clave. Se tenderían nuevas vías de alta velocidad, pero éstas deberían servir tanto para trenes de carga como de pasajeros. Las nuevas líneas tendrían el mismo ancho de vía que las ya existentes, a fin de permitir que los trenes viajaran a las ciudades más pequeñas por las antiguas vías. Las nuevas líneas funcionarían con electricidad, y los trenes de alta velocidad alemanes seguirían el modelo japonés para el acoplamiento de los vagones y no el francés de bogíes compartidos. La idea básica era que los trenes tuvieran dos veces la velocidad de un automóvil y la mitad de la de un avión, para atraer así a los pasajeros que acostumbraban hacer viajes ni demasiado cortos ni demasiado largos en avión o en auto. Los primeros planos contemplaban la modificación de las vías existentes y el tendido de nuevas vías entre Colonia y Francfort, Hanover y Würz-burg, Múnich y Hamburgo. El costo proyectado fue de 12 mil millones de marcos alemanes (casi 6 mil millones de dólares).

Al igual que en las vías japonesas y francesas, sobre travie-sas de acero y concreto se tendieron rieles largos soldados entre sí. Se eliminaron las curvas tanto como fuera posible. A pesar de que los alemanes y los franceses empezaron a construir sus líneas al mismo tiempo, los alemanes trabajaban con mucha más lentitud debido a la geografía quebrada del país. Además, las vías en Alemania tenían que ser aptas también para trenes de carga. A diferencia de las líneas TGV francesas, por ejemplo, que son sólo de pasajeros, para las alemanas debieron construirse túneles en zonas montañosas, a fin de evitarle subidas demasiado pro-nunciadas a los más lentos y pesados trenes de carga.

Casi 20 años de investigaciones tomó la creación del tren InterCity Express (ICE). El gobierno de Alemania Occidental y compañías independientes, tales como Siemens y Krupp, respaldaron las investigaciones que llevaron a la invención de la forma ideal para la "nariz" del tren ICE, así como un sistema de diagnóstico a bordo que permite corregir con rapidez cualquier fallo de funcionamiento. En 1988 un tren ICE prototi-po estableció una marca mundial de velocidad de 252 mph (406 km/h), que fue que-brado posteriormente por el TGV francés.

Un tren ICE alemán pasa sobre un puente. El pantógrafo, claramente visible sobre el tren, toma la energía eléctrica de los cables elevados.

Hamburgo

Berlín

POLONIA

BRETAÑA

Londres

Amsterdam

PAÍSES BAJOS

ALEMANIA

Hanover

Leipzig

Dresden

Colonia

Kassel

Bruselas

BÉLGICA

Fulda

REP. CHECA

LUXEMBURGO

Francfort

Mannheim

Nuremberg

Praga

París

Stuttgart

Viena

línea de alta velocidad

Singen

Múnich

AUSTRIA

FRANCIA

Zúrich

SUIZA

La tecnología del ICE

Una máquina ICE-1 estándar pesa 78 toneladas e incluye el transformador que suministra la corriente eléctrica a los motores, localizados en la máquina solamente. Las locomotoras, situadas en cada extremo del tren, producen 7.161 caballos de fuerza.

A diferencia de Japón y Francia, donde el sistema de señales se controla centralmente, en Alemania existen varios centros de control en diferentes ciudades, desde los cuales se envían señales a las locomotoras de todos los trenes ICE, permitiendo el frenado automático cuando resulte necesario. Debido a la ausencia de un control centralizado y a que diferentes tipos de trenes utilizan las vías en un momento determinado, a menudo los trenes ICE no pueden viajar a sus velocidades máximas.

El 2 de junio de 1991 los primeros trenes ICE-1 empezaron a hacer el trayecto entre Múnich y Hamburgo, con paradas en Stuttgart, Mannheim, Francfort, Fulda, Kassel y Hanover. Otras líneas se construyeron muy poco después, entre ellas las de la antigua Alemania Oriental. Estos trenes ICE han reducido drásticamente el tiempo de viaje entre ciudades.

Arriba: Pantógrafo de acero inoxidable que va unido a cada máquina.

Los trenes ICE-1 tienen dos máquinas y 12 vagones, transportando cómodamente a 636 pasajeros. Gracias a que los vagones están acoplados y no comparten bogíes como los TGV, pueden añadirse más vagones de ser necesario.

Al igual que los vagones de los trenes Shinkansen y TGV, los del ICE están sellados, a fin de prevenir cambios de presión del aire al pasar por los túneles.

Arriba: Ejemplo de tren ICE ultrarrápido en el que se emplea la tecnología pendular. Se lo llama ICE-T.

En junio del año 2000 los alemanes estrenaron su tren de alta velocidad más rápido y moderno, el ICE-3. Estos trenes, a los que se permite alcanzar velocidades de hasta 186 mph (299 km/h), empezaron a prestar servicio entre Berlín y Hanover. Cincuenta trenes ICE-3 de ocho vagones han sido encargados a un costo de $874 millones de dólares. En total hay ahora más de 216 trenes ICE-1, 2 y 3 en servicio. A diferencia del ICE-1 y -2, el ICE-3 sigue la pauta francesa y japonesa de incluir

motores en uno de los dos ejes de cada vagón. Esto le permite al tren alcanzar mayores velocidades y acelerar más rápidamente que los ICE anteriores, que son empujados por sus locomotoras.

La cantidad de energía necesaria para hacer funcionar el ICE-3 y el ruido que produce también han sido reducidos. El cambio más importante, sin embargo, es que el nuevo ICE-3 es capaz de funcionar con los cuatro voltajes que se utilizan en las líneas de alta velocidad de los distintos países europeos. Por esta razón puede proporcionar servicio internacional.

Arriba, foto: El sistema de catenaria alemán, que conduce 15,000 voltios de electricidad, está suspendido de mástiles de concreto, lo que reduce los costos de mantenimiento. Aunque dicha energía es suficiente para que el tren viaje a 240 mph (387 km/h), en la actualidad sólo se les permite viajar a 186 mph (299 km/h) por razones de seguridad.

Trenes pendulares

Los ingenieros en Japón, Francia y Alemania decidieron construir vías nuevas, tan rectas como fuera posible, pero en Italia, España y Suecia, donde las vías a menudo deben hacer curvas, los ingenieros descubrieron una manera de que los trenes viajen a altas velocidades sobre las vías curvas ya existentes. Estos ingenieros descubrieron que si se inclinaba el tren a fin de contrarrestar las fuerzas que de otro modo empujarían a los pasajeros contra los asientos al tomar las curvas a alta velocidad, los pasajeros no sentirían nada. Esto les permitió usar trenes pendulares y evitar así los costos, el daño ambiental y el tiempo que se necesitaba para construir una línea completamente nueva.

Arriba: Obsérvese el ángulo que forman los ejes en este dibujo del bogí de un vagón pendular en el momento en que el tren toma una curva.

En 1971, ingenieros de la compañía Fiat, de Italia, crearon el primer tren pendular: el Pendolino o "pequeño péndulo". Lo nombraron así por que al tomar las curvas se producía un movimiento de inclinación que lo hacía ir hacia adelante y hacia atrás como un péndulo. En 1974, un Pendolino prototipo, el ETR 401, realizó pruebas que al final alcanzarían las 137 mil millas (220,488 km). Durante seis años de ensayo el tren no tuvo nunca problemas al viajar por las vías curvas ya existentes. El Pendolino, como otros trenes de alta velocidad, se impulsaba mediante motores eléctricos situados en cada uno de los ejes de los vagones, pero se diferenciaba de ellos en que su bogíes estaban equipados con un dispositivo hidráulico o electromecánico que inclinaba el vagón cuando un giroscopio detectaba la entrada del tren en las curvas, lo cual le permitía tomarlas a toda velocidad, 160 mph (257 km/h), sin que los pasajeros sintieran incomodidad alguna.

Para que esta nueva tecnología funcionara sólo se necesitó hacer pequeños cambios en las vías ya existentes. Al riel exterior debió hacérsele una rampa progresivamente alta, de modo que el giroscopio percibiera mejor las curvas, y fue necesario instalar un sistema central de señales, para garantizar que los conductores no sobrepasen las velocidades máximas en las curvas. Como los cambios son tan pequeños, el costo de construcción de los trenes pendulares es mucho menor que el de una red completamente nueva de vías más rectas para los otros tipos de trenes ultrarrápidos. En 1988, el Pendolino ETR 450 comenzó a cubrir la ruta entre Roma y Milán, a una distancia de 376 millas (605 km), en poco menos de cuatro horas. Al igual que los trenes de alta velocidad alemanes y japoneses, este Pendolino estaba compuesto de vagones individuales acoplados.

Página opuesta: Dibujo técnico del bogí de motor del ETR 500 italiano.

línea de alta velocidad

Milán

Verona Venecia

Turín

Génova

Bolonia

Florencia

Roma

Nápoles

EUROSTAR

Arriba: El tren ETR 500.

Más sobre los trenes pendulares

Los Pendolino modernos tienen nueve vagones, ocho de ellos con motores eléctricos en sus ejes, y un vagón comedor no motorizado, con un total de 480 asientos. Los vagones están hechos de aluminio liviano y el tren en su totalidad pesa 403 toneladas. El tren de nueve vagones es capaz de producir 3,736 caballos de fuerza. El ETR 450 utiliza frenos neumáticos y regenerativos para disminuir la velocidad y detenerse, así como un freno electromagnético de emergencia.

Arriba: Tablero de mandos de la cabina del conductor del nuevo ETR 500 de voltaje múltiple.

Si bien el Pendolino se inclina al tomar la curvas, su pantógrafo no puede hacerlo pues debe mantenerse en contacto con la catenaria, que permanece inmóvil por encima del tren. Por eso se montó el pantógrafo en un marco flexible anclado en el piso del vagón, que le impide inclinarse con el resto del vagón. Mientras los italianos usaban dispositivos hidráulicos para inclinar el Pendolino, los ingenieros de la compañía española Talgo crearon en 1980 un tren que se inclinaba utilizando fuerzas que se producen naturalmente. Al elevar los vagones mediante resortes neumáticos, el tren Talgo se inclina en la dirección de la curva en el momento de pasar por ella. Los vagones Talgo comparten bogíes equipados con los mencionados resortes. El nuevo tren Talgo XXI, inaugurado en Barcelona en 1998, alcanza velocidades de hasta 140 mph (225 km/h). Los vagones pueden equiparse con un sistema de ancho de vía variable, que permite al tren viajar por vías de diferente ancho en Francia y España. Aunque los trenes Talgo son impulsados actualmente por máquinas diesel, la compañía se ha unido a compañías francesas y alemanas para el desarrollo de máquinas eléctricas y vagones motorizados.

Abajo: Vista frontal y de perfil del nuevo ETR 500 de voltaje múltiple.

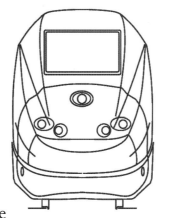

Los funcionarios ferroviarios suecos comprobaron también que no les sería posible construir nuevas vías rectas y comenzaron a construir un tren ultrarrápido pendular en los años 60. En 1975, un tren pendular prototipo, el X-15, alcanzó una velocidad máxima de 150 mph (241 km/h). En la década de los 80 los funcionarios suecos otorgaron el contrato de construcción de 20 trenes X-2000 de alta velocidad a la compañía Asea Brown Boveri (ABB). El tren X-2000 estándar tiene una locomotora de 4,400 caballos de fuerza en cada extremo y cinco vagones no motorizados entre las dos.

Derecha: Diagrama de la estructura de los sistemas mecánicos del ETR 500.

Los trenes pendulares se han vuelto muy populares en todo el mundo, especialmente en países con territorios difíciles. Incluso Japón, Francia y Alemania utilizan hoy la tecnología pendular para aumentar las velocidades de sus trenes en las vías curvas ya existentes o contemplan la posibilidad de hacerlo.

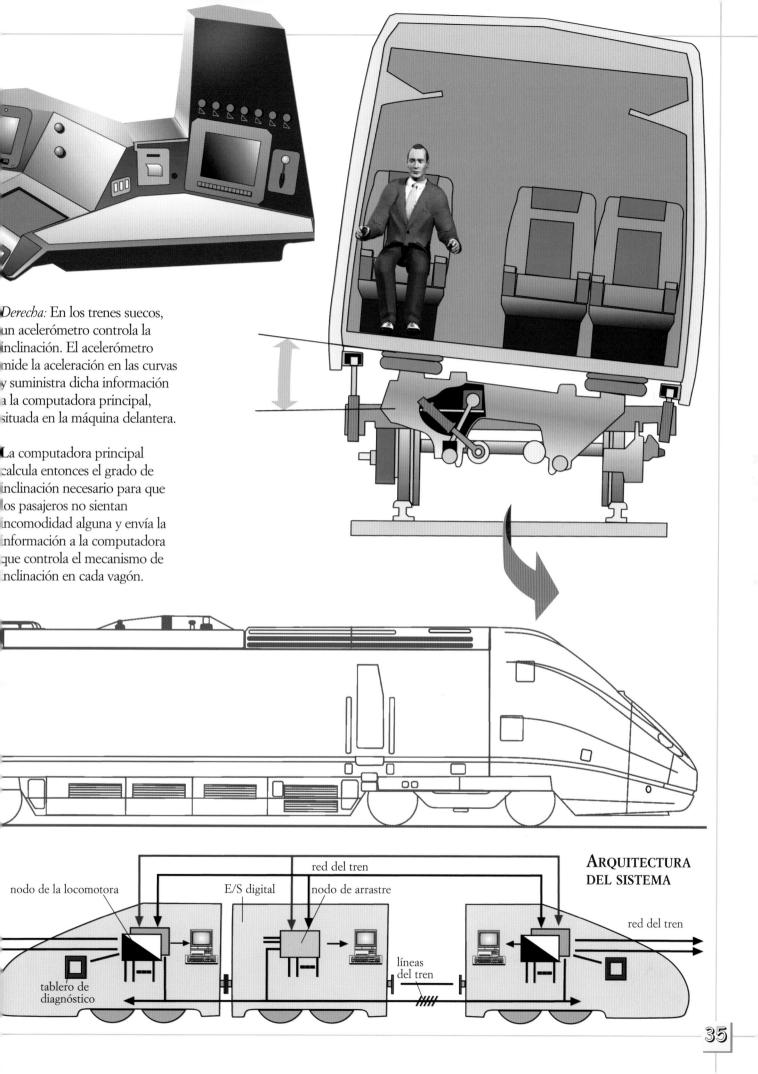

Derecha: En los trenes suecos, un acelerómetro controla la inclinación. El acelerómetro mide la aceleración en las curvas y suministra dicha información a la computadora principal, situada en la máquina delantera.

La computadora principal calcula entonces el grado de inclinación necesario para que los pasajeros no sientan incomodidad alguna y envía la información a la computadora que controla el mecanismo de inclinación en cada vagón.

ARQUITECTURA DEL SISTEMA

nodo de la locomotora

E/S digital

nodo de arrastre

red del tren

red del tren

líneas del tren

tablero de diagnóstico

El tren Acela

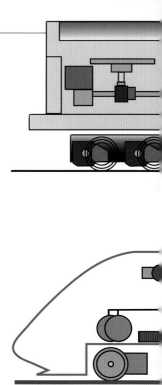

Mientras el resto del mundo creaba trenes de alta velocidad, los Estados Unidos estaban en el proceso de eliminar sus trenes de pasajeros. Desde la construcción de las autopistas interestatales en la década de los 50, en los EE. UU. el uso de los trenes de pasajeros ha disminuido vertiginosamente. Fue sólo hace muy poco que los funcionarios estadounidenses se dieron cuenta de que las ferrovías de alta velocidad en regiones densamente pobladas, como la que se extiende entre Washington, D.C. y Boston, ofrecen una alternativa más barata a los viajes en avión o automóvil. Además, los trenes son mucho menos nocivos para el medio ambiente, pues consumen menos combustible, producen menor contaminación y transportan más pasajeros que los autos y los aviones.

Amtrak, la compañía de trenes de EE.UU., espera volver a atraer a los pasajeros con la construcción de 20 nuevos trenes de alta velocidad que viajarán en el Corredor del Nordeste, que incluye Washington, D.C., Baltimore, Filadelfia, Nueva York, Providence y Boston. Esta región es también conocida por las numerosas curvas de sus ferrovías. Entre Nueva York y Boston la vía hace el equivalente de once círculos completos. Por esta razón Amtrak eligió la tecnología pendular para su servicio de trenes ultrarrápidos.

En 1996 comisionaron el diseño y la construcción del nuevo tren pendular de alta velocidad a un equipo formado por Bombardier, compañía fabricante de piezas para ferrocarriles, y Alstom, la creadora del TGV francés. El resultado fue el tren Acela, nombre formado con las palabras "aceleración" y "excelencia". Los trenes Acela tienen seis vagones y una máquina en cada extremo. Los vagones de pasajeros están equipados con un sistema hidráulico de inclinación en el que cada vagón se inclina de forma independiente y está provisto de un dispositivo de control y un sensor de inclinación. El tren tiene capacidad para 304 pasajeros y alcanza velocidades de hasta 150 mph (241 km/h). Con el fin de ahorrar espacio, el transformador principal está montado debajo del piso. Las máquinas cuentan con frenos ultramodernos, capaces de frenado regenerativo o reostático. Las señales relacionadas con la velocidad o la seguridad se envían al conductor directamente a través de los rieles. Un sistema de control automático del tren aplicará los frenos en caso de que no se obedezca alguna señal. Además, un sistema de control central garantiza de forma automática que se obedezcan los límites de velocidad. Los trenes están también equipados con un dispositivo que monitorea la energía eléctrica, la inclinación y el frenado.

Derecha: Estos dibujos muestran la diferencia en la cantidad de fuerza que un pasajero sentiría con y sin tecnología pendular. Sin ella, la fuerza que siente el pasajero es mucho mayor, lo cual está representado por la flecha grande. Al inclinarse el tren (flecha pequeña) se disminuye considerablemente la fuerza que siente el pasajero.

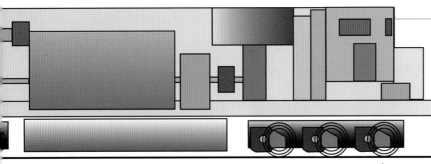

DIAGRAMA DE BLOQUES DE UNA LOCOMOTORA DIESEL ESTÁNDAR.

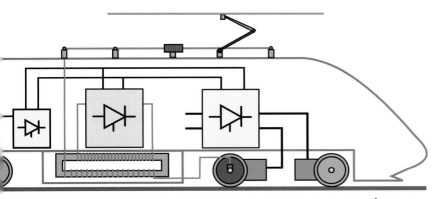

DIAGRAMA DE BLOQUES DE UNA LOCOMOTORA ELÉCTRICA MODERNA.

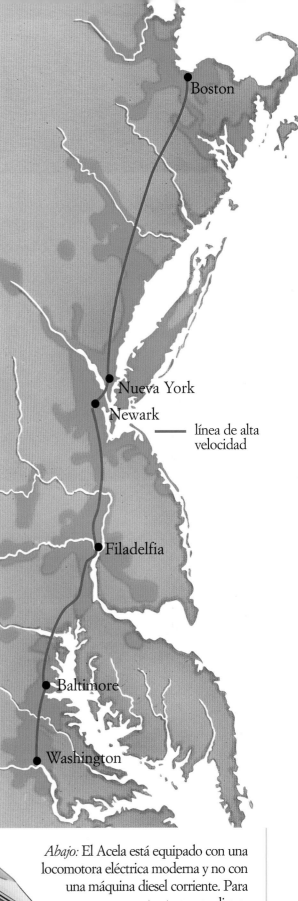

Boston

Nueva York

Newark

—— línea de alta velocidad

Filadelfia

Baltimore

Washington

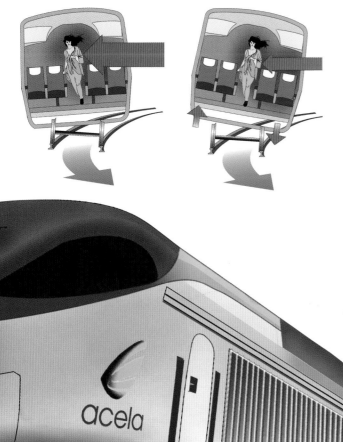

acela

F 2006

Amtrak

acela

Abajo: El Acela está equipado con una locomotora eléctrica moderna y no con una máquina diesel corriente. Para que estos trenes pudieran prestar servicio fue necesario adaptar las vías a la energía eléctrica.

Otros proyectos y líneas de alta velocidad en el mundo

El éxito del tren bala en países como Japón, Francia y Alemania ha llevado a otros países a iniciar sus propios proyectos de vías férreas ultrarrápidas. Entre esos países se encuentran Taiwán, España, Australia, China y Canadá. En algunos de ellos ya empieza a prestarse el servicio de alta velocidad, en otros aún no, pero todos están aprovechando los avances tecnológicos de los últimos años para construir ferrovías que se ajusten mejor a las necesidades de cada país.

España

Luego del éxito del tren Talgo y de las vías AVE que ya existen en España, el país planea extender sus servicio de trenes ultra-rrápidos. Se está trabajando duro para estandarizar las líneas a fin de que los trenes lleguen a toda España.

Gran Bretaña

Actualmente existe servicio de trenes de alta velocidad entre Gran Bretaña, Francia y Bélgica. Lo que ahora se considera, es utilizar tecnología pendular para permitir servicio de alta velocidad en las ferrovías convencionales existentes en la Gran Bretaña.

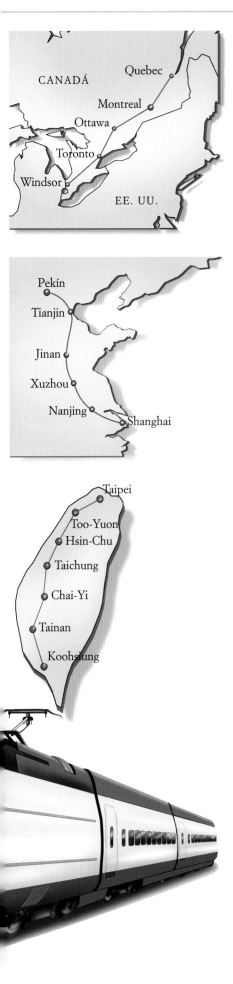

CANADÁ

También Canadá está a punto de entrar a la era del tren bala. El país utilizará el mismo equipo de ingenieros que creó el Acela, el Alstom y el Bombardier. La línea funcionará entre Quebec, Montreal, Ottawa y Toronto a velocidades de hasta 199 mph (320 km/h).

CHINA

Con una inmensa población que sigue en aumento, el gobierno chino planea construir una ferrovía de alta velocidad entre Pekín y Shanghai, en la que se alcanzarán velocidades superiores a las 186 mph (299 km/h). El proyecto se llama Jinghu.

TAIWÁN

Taiwán construye un servicio de tren ultrarrápido que hará avanzar notablemente el país hacia la modernización de su sistema de transporte. Con la ayuda de Siemens y Alstom, planea tener un sistema que cubra 218 millas (351 km) y cuyos trenes viajen a velocidades de hasta 186 mph (300 km/h).

COREA

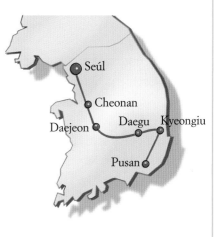

Debido al aumento de la población y al creciente volumen de usuarios de los ferrocarriles de Corea, en este país se decidió que era necesario construir una nueva ferrovía dedicada a trenes ultrarrápidos. La Administración Coreana de Trenes de Alta Velocidad (KTRC) diseñó la línea siguiendo el ejemplo del TGV francés. La ferrovía tendrá una extensión de 256 millas (412 km).

AUSTRALIA

Australia ha tenido un gran éxito con su servicio Queensland Rail, en el que

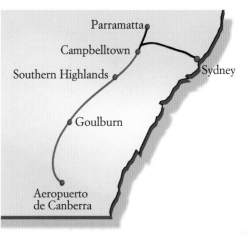

se utilizan trenes pendulares en una vía férrea que permite velocidades de hasta 106 mph (171 km/h). El consorcio Speedrail, conformado por Alstom y la compañía constructora Leighton Contractors Pty Limited, planea en la actualidad construir una línea aún más veloz, que viajará entre Sydney y Canberra a velocidades de hasta 168 mph (270 km/h).

Los trenes ultrarrápidos del futuro: el Maglev

En todo el mundo se siguen investigando tecnologías innovadoras que permitan a los trenes de pasajeros viajar aún más rápidamente. Los científicos desde hace mucho tiempo han conjeturado que la velocidad máxima práctica que pueden alcanzar las ruedas de acero al rodar sobre rieles de acero es de alrededor de 300 mph (483 km/h). Esto por varios factores. En primer lugar, para alcanzar tales velocidades se necesitan máquinas más grandes y pesadas; segundo, porque es más difícil que los pantógrafos reciban la electricidad de la catenaria a grandes velocidades; y tercero, porque al sobrepasar las 300 mph (483 km/h) existe el peligro de que las ruedas del tren pierdan el contacto con los rieles. Por eso los investigadores en Japón y Alemania se han centrado en técnicas de propulsión que no requieran ruedas ni rieles de acero.

Una de estas tecnologías es el sistema magnético de levitación (Maglev), patentado por primera vez por el ingeniero alemán H. Kemper en 1934. El concepto, sin embargo, sólo volvió a investigarse en los años 70. La idea básica consistía en impulsar el tren por una deslizadera utilizando las fuerzas de atracción y repulsión de electroimanes. Gracias a los electroimanes, los Maglev no necesitan máquinas, timón ni otros dispositivos de control para mantenerse en la deslizadera. Son mucho más livianos que los trenes ultrarrápidos corrientes, ya que no necesitan transformadores pesados ni motores. Los Maglev flotan además en un cojín de aire, con lo que se elimina la fricción que se produce entre las ruedas y los rieles en los trenes de alta velocidad corrientes. Sin esta fricción y con las ventajas de un diseño aerodinámico, los trenes Maglev alcanzan fácilmente, y sin riesgos, velocidades de más de 300 mph (483 km/h).

Ingenieros alemanes están probando un sistema Maglev completamente nuevo, llamado TransRapid. En este sistema la parte inferior del tren se envuelve en una deslizadera de acero. Electroimanes sujetos al piso del tren se orientan hacia la deslizadera, con lo que el tren levita siempre a ocho milímetros (0.3 pulgadas) de ella, incluso cuando no está en movimiento. El último prototipo de este tren Maglev, el TR-08, puede funcionar a velocidades de hasta 340 mph (547 km/h) con pasajeros.

En Japón se trabaja en otro sistema Maglev ideado por los científicos norteamericanos James Powell y Gordon Danby. Su sistema se basa en la fuerza de repulsión de imanes superconductores. A pesar de los avances, los problemas continúan. El Maglev japonés produce en los vagones campos magnéticos capaces de perturbar los marcapasos de los viajeros y otros dispositivos eléctricos. Los investigadores japoneses han instalado escudos magnéticos en todos los compartimientos para pasajeros. El mayor problema, sin embargo, continúa siendo el tremendo costo de la construcción de un sistema completamente nuevo de vías Maglev.

El Maglev japonés se eleva casi 4 pulgadas (10 cm) por encima de la deslizadera, pero debe rodar sobre ruedas de goma hasta que el tren alcance una velocidad de despegue de alrededor de 60 mph (97 km/h). El 14 de abril de 1999, un prototipo de Maglev de cinco vagones impuso un récord mundial de velocidad de 345 mph (555 km/h).

dirección en la que se mueve el tren ⟶

las líneas del campo magnético se anulan unas a otras

orientación de los imanes

líneas combinadas de campo magnético

circuitos de levitación

vagón

circuitos de levitación

sistema Halbach

estructura de soporte

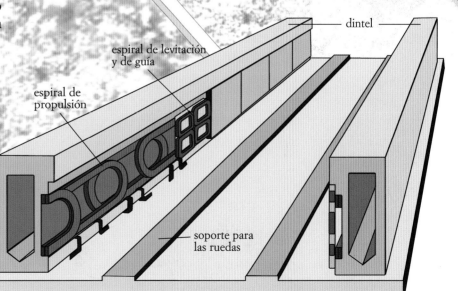

indutrak

SISTEMA INDUCTRACK DEL TREN MAGLEV

Derecha, arriba y abajo: Los electroimanes sólo atraen metales mientras una corriente eléctrica viaje por ellos. En el sistema Maglev, espirales electrificadas construidas en una deslizadera de concreto rechazan a los grandes imanes situados en el piso del tren, haciendo que éste levite. Una vez levitado el tren, se aplica electricidad a las espirales para darle impulso. Se cambia constantemente la corriente, de modo que la polaridad de las espirales imantadas también cambie. Este cambio hace que los electroimanes situados en la parte delantera del tren tiren de él, mientras que los electroimanes de polaridad contraria situados en la parte de atrás lo empujan.

dintel

espiral de levitación y de guía

espiral de propulsión

soporte para las ruedas

Trenes ultrarrápidos del futuro: el Aerotrén

Otros investigadores japoneses han creado un tipo de tren experimental que se desplaza a una distancia de entre dos y cuatro pulgadas (5 a 10 cm) del suelo, usando el efecto "ala-en-tierra" (WIG, según sus siglas en inglés). Cuando un ala que se desplaza a gran velocidad se aproxima a tierra, se crea un efecto de embudo que aumenta la presión del aire y permite que el tren vuele sobre un cojín de aire de baja presión. El mismo efecto se observa al dejar caer una hoja de papel: el papel cae con rapidez hasta que se aproxima al suelo; en ese momento se pone plano y se desliza paralelo al piso antes de aterrizar. Este tren llamado Tohuku o Aerotrén, tiene un par de alas en cada extremo, equipadas con aletas que se inclinan hacia arriba y viaja en un tobogán de concreto, sin techo. Las aletas estabilizan al tren lateralmente con su propio efecto WIG y evitan que choque contra las paredes.

Todavía será necesario realizar muchas pruebas antes de que un tren volador entre en servicio. Se deberá encontrar la manera de reducir la velocidad necesaria para el despegue y reducir la resistencia del aire, de modo que el tren necesite menos energía para moverse. Según los investigadores, si el Aerotrén lograra velocidades de 300 mph (483 km/h) podría usar 10 veces menos energía que un tren Maglev. En la actualidad sólo tiene la capacidad de desarrollar 180 mph (290 km/h).

No obstante, es posible que algún día estos trenes vuelen por sus toboganes, impulsados solamente por paneles solares situados en la parte superior de las paredes o por turbinas de viento colocadas a lo largo de la ruta. Por ahora, sin embargo, los trenes corrientes de alta velocidad, como el Shinkansen japonés o el TGV francés, siguen siendo la manera más rápida, menos contaminante y más barata de transportar pasajeros en zonas densamente pobladas.

A pesar de los avances realizados en estos países, se ha invertido mucho menos tiempo y dinero en las investigaciones de tecnología ferroviaria que en las de automóviles o aviones. Esto significa que, incluso teniendo en cuenta los avances mencionados en este libro, es posible que la tecnología más eficaz para trenes ultra-rrápidos no haya empezado siquiera a desarrollarse.

Para resumir, puede decirse que la tecnología de los trenes bala ha avanzado extraordinariamente. En el futuro, trenes Maglev o trenes voladores podrían transportar pasajeros en tiempos récord utilizando tipos de energía alternativa. Los trenes de alta velocidad son sin duda alguna la tecnología de transporte de hoy y del futuro.

Abajo: Siguiendo las más recientes tecnologías aeronáuticas y de energía, los ingenieros japoneses concibieron el Aerotrén, método de transporte que combina las ventajas del tren y el avión y aprovecha las fuentes no contaminantes de energía que suministran el sol y el viento.

GETS

GROUND TRANSPORTATION SYSTEM

Glosario

Acela Nombre del nuevo tren de alta velocidad de Amtrak, en EE.UU. El nombre está formado con las palabras "aceleración" y "excelencia".

acelerómetro Instrumento para medir la aceleración o detectar y medir vibraciones.

acoplador Dispositivo colocado en los extremos de los vagones de tren y mediante el cual éstos se enganchan entre sí.

aerodinámica Forma que permite que el aire se mueva suavemente sobre un objeto, usualmente un vehículo.

atracción Capacidad de un objeto de tirar de otros objetos hacia él.

bogí Marco bajo y de construcción recia que sostiene dos juegos de ruedas en un tren.

caballo de fuerza Unidad de potencia que equivale a 550 pies-libra de energía por segundo.

calentamiento mundial Elevación de la temperatura de la Tierra debido al exceso de contaminación del aire, proveniente del motor de los autos y otras fuentes.

cambiavías Dispositivo hecho de dos rieles móviles, diseñado para hacer pasar un tren de una vía a otra.

catenaria Cable extendido entre postes a lo largo de las vías de los trenes de alta velocidad y que transporta electricidad para el tren.

cigüeñal Pieza doblada que se conecta a un eje para darle vueltas.

combustión Acción de quemar combustible para producir calor y luz.

compensar Eliminar un efecto no deseado o un error.

descarrilarse Salirse el tren de los carriles.

diagnosticar Conocer la naturaleza de una enfermedad, problema o situación mediante la observación de sus signos.

diámetro Recta que une dos puntos de una figura circular, pasando por el centro.

diesel Una clase especial de gasolina.

efecto ala-en-tierra (WIG) Cojín de aire a alta presión que forma el embudo que se crea cuando el ala de un vehículo volador se aproxima al suelo.

eje Varilla o barra alrededor de la cual gira una rueda o juego de ruedas.

electromagnético (a) Producido por un electroimán, que es un imán creado por una bobina de alambre a través de la cual pasa una corriente eléctrica.

electromecánico (a) Dispositivo que se pone en marcha y se controla por medios eléctricos.

fallo Error en el funcionamiento normal de alguna cosa.

frenado regenerativo Tipo de frenado dinámico que convierte en electricidad la energía que el mismo frenado produce y la envía de nuevo a la catenaria.

frenado reostático Tipo de frenado dinámico que irradia en forma de calor la energía que se produce en el frenado.

frenos dinámicos Frenos modernos en los que se utilizan motores que giran en la dirección opuesta a la que viajan los vehículos, para disminuir su velocidad.

giroscopio Rueda o disco, montado sobre un eje recto, que da vueltas velozmente y por consiguiente es capaz de detectar cualquier cambio de nivel que se produzca en dicho eje.

hidráulico Dispositivo que funciona con la presión que se crea cuando líquidos como agua o aceite son forzados a pasar por un tubo o un orificio pequeño.

hidrocarburo Compuesto que contiene los elementos carbono e hidrógeno únicamente.

irradiar Deshacerse de energía enviándola a otro lugar. El calor, por ejemplo, puede irradiarse de un metal al aire.

kilovatio 1.000 vatios, que es la unidad empleada para medir la potencia eléctrica y es igual al trabajo eléctrico que puede realizar una corriente eléctrica en un segundo.

levitación El acto de levantarse del suelo y flotar en el aire.

lluvia ácida Lluvia que contiene ácido producido por la contaminación del aire y que daña los árboles, los lagos y los ríos.

medio ambiente Mundo natural que sostiene la vida en la Tierra.

megalópolis Región densamente poblada que comprende varias ciudades.

monitorizar Supervisar, regular o controlar el funcionamiento de algo.

neumático (a) Que es movido o accionado mediante presión de aire.

niebla tóxica (smog) Niebla sucia que los rayos del sol forman con los hidrocarburos que despiden los motores de los autos.

Nouvelle Génération Palabras francesas que traducen "Nueva Generación". Nombre de las tecnologías modernas que se están desarrollando para los TGV del futuro.

Nozomi Quiere decir "esperanza" y es el nombre que se dio al más reciente tren Shinkansen japonés de alta velocidad.

obstrucción Algo que impide el paso, la acción o el funcionamiento de algo.

pantógrafo Barra plegable y ajustable que se sujeta en el techo de los trenes de alta velocidad para recibir la electricidad de la catenaria con destino a los motores eléctricos.

Pendolino En italiano quiere decir "pequeño péndulo" y se refiere a los trenes inclinados que la marca Fiat construye en aquel país.

pistón Pieza deslizante de un motor, movida por gas o líquido.

polaridad La carga particular, ya sea positiva o negativa, de un imán.

presión de aire Aplicación de fuerza a alguna cosa utilizando el aire que está en contacto directo con ella.

propulsión La acción o el proceso de avanzar hacia adelante gracias a una fuerza que imprime movimiento.

prototipo La primera versión funcional de algún tipo de aparato, por ejemplo un tren.

rampa Inclinación que se construye en una superficie.

repulsión El poder que tienen los objetos de rechazar otros objetos.

sensor Dispositivo que mide el calor, la luz, el sonido, la presión, el magnetismo o el movimiento y transmite la información para propósitos de medición o de control del funcionamiento.

Shinkansen Quiere decir "nueva línea principal" y se refiere a las nuevas vías que se tendieron para los trenes de alta velocidad en Japón.

superconductividad Capacidad de permitir el paso de una corriente eléctrica sin que pierda energía alguna. En la actualidad sólo es posible a temperaturas extremadamente bajas.

suspensión Sistema de dispositivos, como resortes, que sostienen la parte superior de un vehículo en los ejes.

tecnología La ciencia y las herramientas que se emplean para crear objetos y máquinas de uso humano.

Glosario

tracción Es la fricción de un objeto, como una rueda de tren, contra la superficie sobre la cual se mueve y que mantiene dicho objeto en su sitio.

Train à Grande Vitesse Quiere decir "tren a gran velocidad" y se refiere a las vías y trenes que forman el sistema de trenes de alta velocidad en Francia.

traviesa Trozo rectangular de madera, piedra o acero colocado en el suelo y al que se sujetan los rieles de la ferrovía para mantenerlos alineados y estables (también conocido como durmiente).

turbina Motor giratorio que se mueve por la acción de una corriente de fluido, tal como agua, vapor, gas o aire.

variable Algo que cambia regularmente.

ventilación Sistema o medio para suministrar aire puro.

viabilidad Probabilidades de que algo pueda ser realizado.

viaducto Puente corto que permite el paso de una carretera o ferrovía sobre alguna obstrucción, por ejemplo otra carretera o una hondonada.

voltaje Cantidad de corriente eléctrica medida en voltios.

Otras fuentes de información

Si quieres más información sobre los trenes de alta velocidad, consulta estos libros y sitios Web.

Libros en español
Cooper, Jason. *Trenes.* The Rourke Book Company, Inc. 1991

Libros en inglés
Cant, Christopher. *High Speed Trains.* Chelsea House, 1999.
Cefrey, Holly. *High Speed Trains: Built for Speed.* Children's Press, 2000.
Herring, Peter. *Ultimate Train.* DK Publishing, Inc., 2000.

Sitio Web en español
www.renfe.es/muy_interesante/delvapor_alave.html

Sitio Web en inglés
www.trainweb.com

Índice

Acerca del autor

David Biello es escritor y editor que vive en la ciudad de Nueva York. Ha dedicado los cuatro últimos años a cubrir las noticias ambientales relacionadas con el transporte, el gobierno e incluso las finanzas. También ha tenido la suerte de viajar en muchos de los trenes bala de los que se habla en este libro, entre ellos el TGV, el ICE y el Acela.

Créditos fotográficos